BUQUEBUS

ARGENTINA

Para Todo El Mundo

Fotografías: Florian von der Fecht

PROLOGO

GENTE CON EL PAIS, COMO SIEMPRE

En nuestros 35 años, mostrar la Argentina palmo a palmo siempre estuvo entre nuestras prioridades. Mostrarla para maravillarnos por sus bellezas coronadas por la mano de Dios. Mostrarla, también, para advertir sobre los peligros que sufren sus bosques, sus parques, sus aguas y sus animales. Alguna vez recorrimos el país desde el aire, de sur a norte, de este a oeste, en una producción que dio que hablar durante mucho tiempo y que titulamos *La Argentina que usted nunca vio.* Otra vez abordamos nuestra propia naturaleza, en una enciclopedia bioecológica que mostró con lujo de detalles a nuestros animales y nuestro suelo. Y a volvimos mostrar al país desde el cielo con *El gran libro de la Argentina*, una verdadera maravilla periodística con 300 fotos aéreas y hasta fichas coleccionables, extraídas tras 130 horas de vuelo. Y editamos un libro sobre las peores amenazas que sufre nuestro medio ambiente, en el *Libro Rojo de la Ecología,* como también abordamos el tema en la colección *GENTE, testigo del siglo.*

En esta ocasión renovamos la apuesta, con un material más ambicioso que nunca. Retratando, provincia por provincia, pueblo por pueblo, el latir de casi 3 millones de kilómetros cuadrados. Para eso penetramos en selvas, recorrimos desiertos, navegamos ríos, escalamos montañas y desafiamos las nieves más eternas. Por el tiempo que demandó esta producción y el equipo profesional que la llevó a cabo, estamos convencidos de que nunca se publicó un material fotográfico de estas características sobre la Argentina. Contamos con el invalorable apoyo de la secretaría de Turismo de la Nación, que compartió la búsqueda de lugares con la misma intensidad y el mismo desvelo por recorrer el país en imágenes. Pensamos este libro para nuestros lectores, para los miles de argentinos que quieren atesorar para siempre un compendio alucinante sobre su propio país y para los extranjeros que quieran recorrerlo.

Renovamos, en las páginas que siguen, un compromiso que adquirimos hace muchos años y no abandonaremos nunca: honrar a nuestro país, mostrándolo de la mejor manera posible.

PROLOGE

AS ALWAYS, GENTE SUPPORTING OUR COUNTRY

In these 35 years, showing Argentina little by little has always been our top priority. By showing every inch of it, not only would all of us be filled with the excitement of ineffable beauties crowned by the hand of God, but also make everyone aware of the dangers threatening its forests, parks, waters and animals. Some time before, we had the chance to go over these lands from the air, lengthways and across, in a production which gave grounds for criticism for a long time, and entitled *La Argentina que usted nunca vio (*The Unrevealed Argentina). Once again the focus was centered on our own nature, compiled in a bioecological encyclopaedia presenting a detailed description of our animals and territories. Later, the scenarios of our nation were shown again from the sky, in a work published as *El gran libro de la Argentina* (The Great Book of Argentina), a true journalistic masterpiece including 300 aerial photographs and even collectable cards, obtained after flying for 130 hours. And we also edited another book about the worst threats jeopardizing our environment: the *Libro Rojo de la Ecología,* (The Red Book of Ecology), a subject matter also dealt with in the *Gente, testigo del siglo* (GENTE, a Witness of this Century) series.
Time has come now to make our bet even safer, through an unlimitedly ambitious material, which portraits our nearly 3 million palpitating square kilometers, province by province, and town by town. This reason lead us to penetrate jungles, to make our way through deserts, to sail rivers, to climb mountains, and to challenge everlasting snow. Bearing in mind all those never-ending hours devoted to this task, as well as the outstanding team of professionals assigned to conduct this production, we are absolutely convinced that this is the very first time a such a peculiar photographic material on the Argentina will be published. We rely on the highly esteemed support from the National Secretary of Tourism, an agency which shared with us the image-searching task, as intently and restlessly in the selection thereof as we did. This book was conceived for our local readers –thousands of Argentineans with a desire to treasure an exhilarating summary on their own nation forever– but also for those foreigners who are willing to travel across these lands.
In the following pages, we'll reestablish a commitment made by us many years ago, and never to be waived: honor our country, by showing every corner of it to the best of our ability.

Chubut

La pared del océano. Los acantilados de la Península Valdés bañados por las aguas del Atlántico, en el Golfo Nuevo, al norte de Puerto Madryn, donde la Ballena Franca todos los años llega para alimentar a sus crías.

The Oceanic Wall. The cliffs of the Valdés Peninsula, bathed by the Atlantic waters in the New Gulf, north of Puerto Madryn (a port). Every year, Patagonian Right Whales r
each this place to feed their cubs.

La patria blanca. El glaciar Perito Moreno, en el Parque Nacional Los Glaciares, una extensión de tierra blanca que, cada tres años, se quiebra y deshiela, para ofrecer el más maravilloso espectáculo de la naturaleza.

White Motherland. The Perito Moreno Glacier, in a National Park called Los Glaciares, a stretch of white land, which breaks and thaws every three years offering the most spectacular scene of the world.

Misiones

La furia del agua. El río Iguazú, frontera natural con la República de Brasil y Paraguay, lleva su cauce hasta las cataratas, en el extremo norte de la provincia. Allí, las aguas caen en un estruendo conmovedor.

The Water's Rage. The Iguazú River, which sets the natural boundary with the Republic of Brazil and Paraguay, flows towards the Waterfalls, in the north end of the province. Right there, waters fall with a boisterous roar.

NEUQUEN

Arboles y praderas. Una vista en los alrededores de San Martín de los Andes, Parque Nacional Lanín, en la región sur de la provincia, cerca del lago Lácar, donde la vegetación sorprende por sus juegos de colores.

Trees and Prairies. A picture of San Martín de los Andes outskirts, the Lanín National Park, in the southern area of the province, near the Lácar Lake, where the vegetation plays an astonishing game of colors.

MENDOZA

Al pie del gigante. Una bandada de flamencos sobrevuelan la laguna del Diamante, al pie de la cordillera de Los Andes, en el extremo oeste de la provincia, antes de la frontera con la República de Chile.

At the Foot of the Giant. A flock of Flamingoes overflying the Diamond's Lagoon, at the foot of the Andean Mountain Range, in the provincial west end, edging the boundary with the Republic of Chile.

Buenos Aires

El color de la tierra. Desde el cielo, las llanuras de la provincia de Buenos Aires son un mosaico de colores que juegan y se cruzan entre sí. Trigo, maíz, girasol, lino, soja... cada parcela un cultivo; y cada cultivo, un color.

Colorful Land Stretches. From above, the plains of the province of Buenos Aires represent a polychromatic mosaic, playing and crisscrossing with each other. Wheat, corn, sunflower, flax, soybean... each parcel is occupied by a different crop; and each crop, tinted with a distinctive color.

FORMOSA

De aquí al Amazonas. El río Bermejo, frontera sur que separa el territorio formoseño de la provincia del Chaco. Desemboca en el río Paraguay, que lleva su cauce hasta la sierra brasileña del Mato Grosso.

From here to the Amazon. The Bermejo River, the southern boundary dividing Formosa's territory from the province of Chaco. It empties its waters in the Paraguay River, which subsequently flows towards the Matto Grosso's Brazilian sierra.

CIUDAD AUTONOMA DE BUENOS AIRES

Reina Como Siempre

Unmistakably, The Queen

◆ Fue fundada en 1536 por Pedro de Mendoza, y refundada en 1580 por Juan de Garay. En 1994 fue declarada Ciudad Autónoma.
◆ Declarada Capital de la República en 1880, hoy cuenta con una población de 3 millones de habitantes.
◆ Tiene una densidad de 14.827 habitantes por km2.
◆ Cuenta con una superficie total de 200 km2. Y por sus calles circulan 1 millón de automóviles.
◆ El Río de la Plata, el más ancho del mundo, baña sus costas.

◆ It was founded by Pedro de Mendoza in 1536 and founded again by Juan de Garay in 1580. In 1994 was declared autonomous city.
◆ Declared the Capital of the Republic in 1880, its population currently amounts to 3 million inhabitants.
◆ The population density is 14,827 inhabitants per km2.
◆ It covers a total surface area of 200 km2. Its streets are driven through by 1 million vehicles.
◆ The Río de la Plata (River Plate) –the widest of the world– bathes its coastline.

Frente al Plata. Hasta la mitad del siglo XX, la Argentina fue una tierra de paz para miles de familias europeas que huían de las bombas. En este puerto que hoy se ve, muchos encontraron el trabajo que la guerra les había quitado. Arriba, un detalle de la Costanera Sur.

Facing the River Plate. Up to mid-XX century, Argentina was a peaceful territory for thousands of European families seeking shelter, running away from bombing. In this port many people found the job that the war had snatched away from them. Top, a detail in Costanera Sur (Southern Coast).

Jardín de flores. La zona conocida como El Rosedal es un lugar de esparcimiento donde, cada 21 de septiembre, los estudiantes de toda la ciudad se juntan a festejar la llegada de la Primavera. Al lado, la "ciudad musulmana" con su mezquita y un campo de golf en el corazón de la ciudad.

A Flower Garden. The so-called El Rosedal area is a recreation site, convoking each year, on September 21st, students from all over the city, who gather to celebrate Spring's arrival. Next, the "Moslem City" with its mosque and a golf link at the heart of the city.

Con la historia a cuestas. La inmensidad de las aguas del Río de la Plata y el esplendor de Buenos Aires frente a ellas. Dos colosos inseparables.

With History on its Back. The immensity of the River Plate waters and the glamour of Buenos Aires, facing its coastline. Two inseparable colossuses.

La gran vía. La avenida 9 de Julio, que va desde la zona de Retiro hasta la estación de trenes de Constitución, tiene el llamativo privilegio de ser la más ancha del mundo. Arriba, la Torre Monumental, en Retiro. Abajo, la calma del río.

The Great Avenue. Extending from Retiro area to Constitución Railway Station Avenida 9 de Julio, was vested with the attractive privilege of being the widest of the world. Above, the *Torre Monumental*, in Retiro. Down, the calm of the river.

CTI MOVIL
4962-1444
CITROËN
UOL
Nestlé
NEC
Itaú

BUENOS AIRES

Inmensa Llanura

Inmense Plain

◆ Tiene 307.571 km2 y ocupa el 8,2 por ciento del territorio nacional.
◆ Su capital es La Plata, ciudad de alta población universitaria.
◆ Fue fundada por Dardo Rocha, en 1882.
◆ A principios del siglo XX, la provincia vivía de su producción agropecuaria. Hoy, el 52 por ciento de la actividad económica es industrial. La ganadería, la agricultura y la minería quedaron relegadas al 14 %.
◆ Tiene 12,3 millones de habitantes, y es la provincia más poblada del país con una densidad de 40 habitantes por km2.
◆ Limita al norte con Santa Fe, Córdoba y Entre Ríos; al este, con el Río de la Plata y el océano Atlántico; al oeste con Córdoba; y al sur con Río Negro.
◆ A pesar de sus extensas praderas y su tradición agropecuaria, sólo el 7 por ciento de su población es rural. El 93 por ciento es población urbana.

◆ It has 307,571 km2 and represents 8.2 percent of the national territory.
◆ Its own capital is La Plata, highly populated by college students.
◆ Was founded by Dardo Rocha, in 1882.
◆ At the beginning of the XX century, the province lived on its cattle and crop production. At present, 52 % of the economical activity depends on industry. Cattle, agriculture and mining resources were left behind, dropping to 14 %.
◆ Its population amounts to 12,3 million inhabitants, making it the most populated metropolis of the country, at a rate of 40 inhabitants per km2.
◆ It is bounded in the North by Santa Fe, Córdoba and Entre Ríos; in the East, by the River Plate and the Atlantic Ocean; in the West, by Córdoba; and in the South, by Río Negro.
◆ In spite of its large prairies and its agricultural tradition, only 7 percent of its population is rural. The other 93 percent is represented by urban population.

Aire bonaerense. Un campo en la ciudad de Coronel Pringles, a la vera de la ruta 51. Y una bellísima plantación de girasoles, en Trenque Lauquen, otra importante localidad.

Buenos Aires Air. The city of Coronel Pringles' countryside, flanking Route 51. And a beautiful sunflower plantation, in Trenque Lauquen, another important locality.

De norte a sur. Las vacas pertenecen a un establecimiento de Lincoln, pueblo con tradición ganadera. Los molinos están en Pininas, sobre la ruta 11, antes de llegar a San Clemente del Tuyú. La cosechadora, en Tandil, al sur de la provincia.

From North to South. These cows belong to ranch in Lincoln, a small town with a cattle-breeding tradition. The windmills are located in Pininas, on Route 11, just before San Clemente del Tuyú. The harvester, in Tandil, south of the province.

La belleza del mar. Las aguas pertenecen a Mar del Sur, hacia el sur de Miramar, un importante centro turístico bastante poblado durante el año y muy receptivo en cuanto al turismo durante el verano.

The Beauty of the Sea. These are waters from the South Sea, south of Miramar, an important tourist resort with a considerable sized population during most part of the year and often visited by many tourists in summer.

Visto desde arriba. Una plantación de cebada y los perfectos surcos que va trazando el tractor de una maltería de la zona: es en la localidad de Puán. Las arenas pertenecen a uno de los balnearios más bellos y convocantes del país: Pinamar.

A Top View. A barley plantation and the perfect furrows created by a regional malt house's tractor: this is the locality of Puán. This is sand from one of the most beautiful and tourist seaside resorts of the country: Pinamar.

Naturaleza en acción. Imagen a la que hay muy poco que agregarle. Una tarde de invierno en Puán, con una vegetación y un cielo que parecen decirlo todo.

Nature in Action. This image speaks by itself. A winter afternoon in Puán, the vegetation and the sky seem to say it all.

CHUBUT

Montañas y Ballenas

Mountains and Whales

◆ Tiene una superficie de 224.686 kilómetros y ocupa la región central de la patagonia argentina.
◆ Su población suma 356.587 habitantes y su densidad es de apenas 1,5 habitante por Km.
◆ Rawson es la cuidad capital.
◆ Dentro de su territorio se encuentra la península Valdés, que todos los años es visitada por cientos de ballenas y fue declarada patrimonio natural de la humanidad.
◆ Limita al oeste con la República de Chile; al este con el océano Atlántico; al norte con la provincia de Río Negro y al sur con la provincia de Santa Cruz.
◆ En Puerto Madryn se encuentra la planta Aluar, una de las cinco productoras de aluminio más grandes del mundo. También posee una importante producción lanar y petrolera.

◆ Located in the mid-section of Patagonia, this Province occupies an area of 224,686 square kilometers.
◆ With only 356,587 inhabitants, its population density scarcely amounts to 1 inhabitant per square Km.
◆ Rawson is the capital if the province.
◆ In Chubut we find the Valdés Peninsula, yearly meeting-place of hundreds of whales, an area that has been declared Nature Patrimony of Humanity.
◆ It borders with Chile to the West, with the Atlantic Ocean to the East, with the Province of Rio Negro to the North and with the Province of Santa Cruz to the South.
◆ Aluar, one of the five major aluminum production plants worldwide, is located in the city of Puerto Madryn. The region also is an important oil producing and sheep rising area.

La tierra sin fin. Desde el aire, una vista de la zona del Parque Nacional Lago Puelo, en la frontera norte con Chile. El 50 por ciento de los chubutenses viven en zonas rurales. Es la tasa de población rural más alta del país.

The endless country. An aerial view of the Lake Puelo area, on the Chilean border. Around 50 per cent of the inhabitants of Chubut lives in rural areas. This is the highest agrarian population rate of Argentina.

La reina del mar. La península Valdés, sobre el Atlántico, es una de las reservas de fauna marina más importantes del mundo. Cada año, entre junio y diciembre, la ballena franca del sur, el cetáceo más antiguo y uno de los más grandes, con sus 30 toneladas de peso promedio, llega hasta la península en busca de krill para alimentar a su cría.

The queen of the seas. The Valdés Peninsula, on the Atlantic Coast, is one of the major sea-life reservations of the world. Each year, between June and December, the Southern Right Whale, the most ancient and largest cetacean known, with an average weight of 30 tons, comes to the waters surrounding the Peninsula in search of krill to feed its young.

Danza con lobos. La reserva natural de Punta Delgada está poblada durante todo el año por lobos y elefantes marinos. Los elefantes marinos machos tienen un saliente sobre la boca y viven rodeados por un harén, en ocasiones de hasta 100 hembras.

Roaring with the lions. The nature reservation of Punta Delgada is inhabited year round by sea lions and elephant seals. The male elephant seals have a sort of small trunk above their mouths and live surrounded by a harem that, at times, can reach up to 100 females.

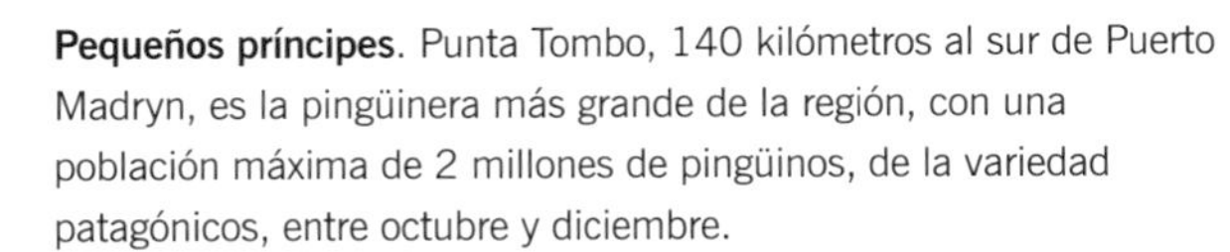

Pequeños príncipes. Punta Tombo, 140 kilómetros al sur de Puerto Madryn, es la pingüinera más grande de la región, con una población máxima de 2 millones de pingüinos, de la variedad patagónicos, entre octubre y diciembre.

Little princes. Punta Tombo, 140 kilometers south of Puerto Madryn, is the site of the largest penguin colony in the region. Up to two millions of Patagonic Penguins can be seen there, between October and December.

Las marcas del tiempo. En los acantilados de Punta Delgada pueden observarse las huellas que dejó el océano al retirarse. Hace 30 millones de años, una porción de la Patagonia estaba bajo el agua.

The footprints of history. On the cliffs of Punta Delgada there still can be seen the traces left by the sea when the waters retired from the continent. Thirty million years ago, a part of what now is Patagonia was covered by the Atlantic Ocean.

En vías de progreso. El viejo Expreso Patagónico unió la localidad de Sarmiento, en el Lago Musters, con Comodoro Rivadavia, por primera vez en 1914.

Tracks for modern times. The old Patagonia Express, inaugurated in 1914, connected the towns Sarmiento, on the shores of Lake Musters, and Comodoro Rivadavia, on the Atlantic Coast.

Bosque y desierto. Un bosque de arrayanes en el Parque Nacional Los Alerces. Los lupines, típicas flores silvestres. Abajo, la ruta 40 que atraviesa la provincia de norte a sur, paralela a la frontera con Chile.

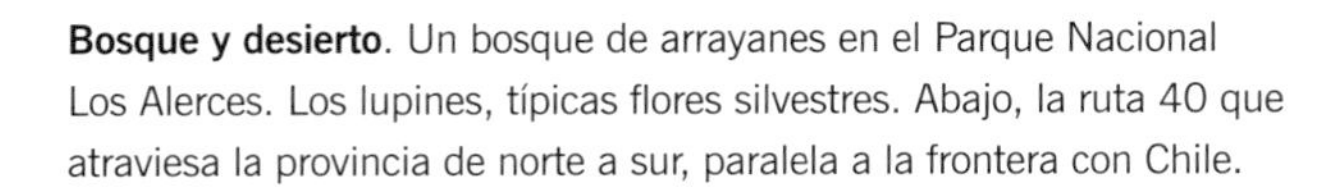

Woods and wasteland. A myrtle wood in the National Park Los Alerces. Lupiniums in bloom, one of the wildflowers characteristic of this region. Below, Highway 40, the route that runs through the Province from North to South, parallel to the Chilean border.

SANTA CRUZ

Glaciares Eternos

Eternal Glaciers

◆ Río Gallegos es la capital. Fue fundada en 1887 por Ramón Lista.
◆ Tiene una superficie de 243.943 km2, que representa el 6,5 por ciento del total del país.
◆ Su población suma un total de 159.726 habitantes.
◆ Limita al norte con Chubut; al este con el océano Atlántico; al sur con Tierra del Fuego y al oeste con Chile.
◆ Río Gallegos fue bautizada, en principio, con el nombre San Alfonso, por la armada de El Cano en 1526, pero nadie sabe con seguridad el origen de su nombre actual.
◆ La principal riqueza de la provincia es la cría del ganado ovino.
◆ Es importante la explotación de las minas de carbón y petróleo y el gas natural.

◆ Río Gallegos is the capital city. It was founded in 1887 by Ramón Lista.
◆ It covers a surface of 243,943 Km2, representing 6.5 percent of the whole country.
◆ Its borders with Chubut to the North; with the Atlántico to the East; with Tierra del Fuego to the South and with Chile to the West.
◆ Eastde Its population amounts to 159,726 inhabitants.
◆ El Cano's Navy originally baptized Río Gallegos as San Alfonso in 1526, but no one knows for certain the origin of its current name.
◆ The most significant of its resources is sheep cattle production.
◆ Coal mines, oil and natural gas exploitation is important.

Congelar la sangre. El glaciar Perito Moreno, sobre las aguas del brazo sur del lago Argentino, dentro del Parque Nacional Los Glaciares, se impone con sus 5 kilómetros de frente y sus 60 metros de altura.

Blood-freezing. The Perito Moreno Glacier, on the waters of the southern arm of Lago Argentino (Argentinean Lake), in the National Park Los Glaciares, 5 km wide and 60 m high. Majestic.

Al pie de la cordillera. El extremo oeste del lago Viedma, dentro de la estancia Helsingfors, a sólo 40 kilómetros de la frontera con Chile. Arriba, pingüinos patagónicos.

At the foot of the mountain range. The western end, Viedma Lake, in Helsingfors Ranch, only 40 kilometers away from the boundary with Chile. Above, Patagonian Penguins.

Habitar la nada. En la zona de Lago del Desierto, una vivienda resiste en soledad. La bandera argentina flamea bajo un cielo inmenso.

Nowhere inhabitant. In the area of Lago del Desierto, a house resists in isolation. The Argentinean flag flutters under and unbounded sky.

La riqueza de la lana. La ruta nacional 40. Al lado, los esquiladores. La explotación ovina es mayor en la meseta central y decae en la zona cordillerana y la costa.

The richness of wool. The national route 40. At its side, the sheep-shearers. Sheep exploitation is more relevant in the central plateau and declines at the mountain range area and the coastline.

Gigante blanco. Cada tres años, la masa sólida del Perito Moreno se parte y comienza el deshielo. Grandes bloques caen sobre las aguas del lago Argentino y producen un gran estruendo. Es uno de los más maravillosos espectáculos naturales.

The White Giant. Every three years, Perito Moreno's solid mass breaks and defrosting starts. Huge blocks fall on Argentine Lake waters producing a deafening uproar. One of the most wonderful natural spectacles to be witnessed.

El pasado del pasado. Caminar sobre el hielo es una experiencia inigualable. Abajo, la Cueva de las Manos, en la ribera del río Pinturas. La antigüedad de estas obras rupestres fue calculada en 7000 años antes de Cristo.

The past's past. Walking on ice is an experience second to none. Below, the Cueva de las Manos (The Hands Cave) at Pinturas River bank. It is estimated that these rupestrian works date back to the year 7000 before Christ.

Con un parche en el ojo. En el Monumento Nacional y Reserva Natural Bosques Petrificados pueden verse cientos de ejemplares de lo que alguna vez fue madera y hoy es piedra. Arriba, los faros que guiaron los barcos de Francis Drake, el pirata inglés que pisó esta tierra en 1578.

A patch-covered eye. At the National Monument and the Natural Reserve Bosques Petrificados (Petrified Forests), in the wooden area of the past and the rocky land of today, hundreds of species can be seen. Above, the lighthouses that guided Francis Drake's ships, the English pirate who landed here in 1578.

Altos y bajos. La región de Bajo Caracoles, las mesetas y los picos que besan las nubes. El relieve del suelo santacruceño ofrece toda clase de contrastes.

High and low-lying lands. The region of Bajo Caracoles, the plateaus and peaks kissing the clouds. Santa Cruz relief offers all kind of contrasts.

Rutas argentinas. Los caminos, desiertos, cruzan el paisaje como líneas caprichosas. El ripio, cada tanto, debe ser reacondicionado con máquinas para que no se forme el "pianito", una rugosidad del suelo que impide desplazarse con velocidad.

Argentinean routes. The roads and desserts stubbornly cross the landscape. Every now and then, the rubble needs to be reconditioned by special machinery, in order to avoid the formation of the "pianito" (small piano), a corrugated condition of the ground blocking speedy progress on the road.

NEUQUEN

Un Mundo de lagos y Bosques

A World of Lakes and Forests

◆ Su capital es Neuquén. Fue fundada por Bouquer Roldán el 12 de setiembre de 1904.
◆ Ocupa una superficie total de 94.078 Km2, lo que significa el 2,5 por ciento del total del país.
◆ Su población asciende a 385.606 habitantes.
◆ Limita al norte con Mendoza; al oeste con Chile; al este y al sur con Río Negro.
◆ Neuquén posee importantes reservas de cobre.
◆ Se destacan su producción agrícola y ganadera, además de sus ricos yacimientos petrolíferos.
◆ Posee importantes industrias.

◆ The capital city is called Neuquén and was founded by Bouquer Roldán on September 12th, 1904.
◆ It covers a total surface of 94,078 Km2, representing 2.5 percent of the country's total surface.
◆ Its population amounts to 385,606 inhabitants.
◆ Its borders with Mendoza to the North; with Chile to the West; with Río Negro to the East and South.
◆ Neuquén possesses significant copper reserves.
◆ Crop and cattle production excels, as well as its rich oil fields.
◆ It has important industries.

Lugar de ensueño. La Selva Valdiviana, Villa Traful. Imagen del Parque Nacional Nahuel Huapí. Una geografía impresionante por lo bella, reconocida en varias partes del mundo. Y la reserva provincial Domuyo, otra zona que se destaca en la provincia.

A place to dream. The Valdivian Forest, Villa Traful. A picture of the National Park Nahuel Huapí. An impressive geography for its worldwide renowned beauty and the provincial reserve Domuyo, another prominent zone of the province.

Para quedarse a vivir. Arriba, San Martín de los Andes, lago Lácar, en el Parque Nacional Lanín, repleto de nieve. Abajo, el esplendor del lago Quillén, también en el Lanín. De fondo puede verse el volcán Lanín.

A place to settle down. Above, San Martín de los Andes, Lácar Lake, and Lanín National Park, here covered in snow. Below, the splendorous Quillén Lake, also located in Lanín. The Lanín Volcano can be seen at the background.

Vida neuquina. Arriba, fotos del Cajón de Atreuco, en el Parque Domuyo. Y pobladores de la zona, camino al cerro Chapelco. Abajo, el mismo paraje del Lanín, pero en verano, ya sin nieve.

The life in Neuquén. Below, pictures from the Cajón de Atreuco, in the Domuyo Park. And a few villagers on the way to the Hill. Below, the same spot from Lanín, but in summer, with the snow now gone.

Arboles de pie. Dos postales del mismo sitio, en diferentes momentos del año. El bosque de araucarias de Caviahue, durante febrero. Y el mismo lugar en pleno invierno. Dos milagros de la naturaleza.

Standing trees. Two postcards featuring the same site, in different seasons of the year. Caviahue araucaria forest, in February. And the same spot in winter. Two miracles of Nature.

Agua y nieve. Diferentes imágenes. El arroyo blanco y la espuma de agua son ideales para eternizar en fotografías. Sobre todo, claro, cubiertos de nieve.

Water and snow. Different shots. The white stream and the water leather are ideal to be captured in these photographs. Particularly, sure enough, when covered in snow.

Atracción turística. La provincia es una de las preferidas de los visitantes extranjeros por su variedad de paisajes. Sus atracciones principales: la región de los lagos, los bosques y montañas y las posibilidades de practicar deportes.

Tourist attraction. The province is one of the most favored by foreign visitors due to its assorted landscapes. The main attractions are the lake areas, its forests and mountains and the possibilities to practice sports.

RIO NEGRO

Los Laberintos Soñados

Dreamy Labyrinths

◆ La capital provincial es Viedma, y fue fundada por Francisco de Biedma y Narváez el 22 de abril de 1779.
◆ Ocupa una superficie total de 203.013 km2, y representa el 5 por ciento sobre el total del país.
◆ Limita al sur con la provincia de Chubut; con La Pampa y Neuquén al norte; con la República de Chile al oeste y con la provincia de Buenos Aires al este.
◆ Su población es de 506.314 habitantes.
◆ Situada en la patagonia, sobresalen sus recursos forestales, petrolíferos y mineros.
◆ Durante los últimos ha crecido la industria turística.

◆ Viedma is the provincial capital city and was founded by Francisco de Biedma y Narváez, on April 22nd, 1779.
◆ It has a total surface area of 203,013 km2, representing 5 percent of the country's total surface area.
◆ It is bounded in the South by the province of Chubut; in the North, by La Pampa and Neuquén; in the West, by the Republic of Chile, and in the East, by the province of Buenos Aires.
◆ Its has a population of 506,314 inhabitants.
◆ Located in the Patagonia, this province has forests, oil and mines as its main resources.
◆ Over the last years, tourism has gained importance.

El lago encantado. Un vista aérea de Puerto Pañuelo, en el lago Nahuel Huapí, desde donde, día tras día, salen decenas de catamaranes cargados de turistas que desean navegar las aguas que embellecen Bariloche. Arriba, un detalle de la ruta 258, camino a El Bolsón.

The enchanted lake. A top view from Puerto Pañuelo (a port), at the Nahuel Huapí Lake, from which, day after day, dozens of tourist-loaded catamarans sail out on waters that praise Bariloche. Up, a sight from route 258, on the way to El Bolsón.

El vértigo del agua. El río Manso, que baja desde el cerro Tronador, es ideal para el rafting. Más abajo, dos vistas, desde arriba y desde abajo, de Puerto Blest, en el brazo Blest del lago Nahuel Huapí.

Giddy waters. The Manso River, coming down from the Cerro Tronador (a hill), is an ideal place for rafting. Below, two different sights showing the same place: a top view and a bottom view from Puerto Blest, at the Blest arm of Nahuel Huapí Lake.

Nieve y sol. El cerro Otto nevado, un maravilla inigualable. Al lado, los cultivos de lavanda de Bariloche. En grande, la unión de los lagos Nahuel Huapí y Perito Moreno.

Snow and Sun. The snow-covered Cerro Otto (a hill), a wonder second to none. Next, Bariloche lavender plantations. Large, a place where two lakes –Nahuel Huapí and Perito Moreno– converge.

Alerces, testigos del tiempo. La ciudad de Bariloche bañada por las aguas del Nahuel Huapí. Las flores del michay, un arbusto de la zona. Al lado, un bosque de alerces en las márgenes del lago Escondido. Algunos de ellos alcanzan los 3000 años de edad.

Larches, the witnesses of the time. The city of Bariloche bathed by Nahuel Huapí Lake's waters. Flowers from the "michay" plant, an autochthonous bush of the area. Next, a larch forest at the side of the Escondido Lake. Some of them are 3000 years old.

LA PAMPA

Pintada de Historia

With Tints of History

◆ Su capital, Santa Rosa, fue fundada por Tomás Masón, el 22 de abril de 1892.
◆ La superficie provincial suma 143.440 km2 y su población llega a los 260.041 habitantes.
◆ Limita al norte con las provincias de Mendoza, San Luis y Córdoba; al sur con la provincia de Río Negro; con la provincia de Buenos Aires al este y con las de Neuquén y Mendoza al oeste.
◆ El 50 por ciento de su actividad económica lo ocupan la agricultura, la ganadería y la minería.

◆ Its capital city, Santa Rosa, was founded by Tomás Masón, on April 22nd, 1892.
◆ This province has a surface area of 143,440 km2 and its population amounts to 260,041 inhabitants.
◆ It is bounded in the North by the provinces of Mendoza, San Luis and Córdoba; in the South, by the province of Río Negro; in the East, by the province of Buenos Aires; and in the West, by the provinces of Neuquén and Mendoza.
◆ Agriculture, cattle production and mining contribute to 50 % of its economic activity.

Tierra adentro. La sensación de infinitud que provoca la mirada sobre la llanura pampeana. En este caso, en un paraje que se extiende hasta donde los ojos no ven.

Inland. By looking over this vast plain, called Llanura Pampeana one is invaded by a sensation of infinity. In this case, a view stretching beyond eyeshot.

Sólo la llanura. Una imagen de la extensión del suelo en los alrededores de La Adela, una localidad ubicada en el extremo sudeste de la provincia, a orillas del Colorado, el río que también es la frontera sur de la provincia.

Only the plain. An image capturing the extension of this land in La Adela outskirts, a small village located in the southeast end of the province, at the Colorado River bank, a river which is also the southern boundary of the province.

Vaqueros trabajando. La ganadería es un pilar de la economía pampeana. Abajo, un arreo en la zona de General Acha, en el departamento de Utracán.

Cowhands at work. Cattle production is a pillar of the Pampean economy. Below, cattle being rounded up in General Acha, located in the Department of Utracán.

MENDOZA

La Tierra de Fiesta

Joyful Land

◆ Su capital homónima fue fundada por Pedro del Castillo en 1560 pero fue reedificada en 1861 tras su destrucción por un terremoto.
◆ El territorio provincial tiene una superficie total de 148.827 km2, y ocupa el 4 por ciento sobre el total del país.
◆ Su población es de 1.400.142 habitantes.
◆ Limita al norte con San Juan; al este, con San Luis y La Pampa; al sur, con La Pampa y Neuquén; y al oeste con Chile.
◆ En la provincia se cultivan trigo, maíz, y especialmente la vid. También existen yacimientos de petróleo.
◆ Algunos minerales con buena escala de explotación son el manganeso, hierro, plomo y tungsteno.
◆ Es sede central de la Universidad de Cuyo.

◆ Its homonymous capital was founded by Pedro del Castillo in 1560, although it had to be rebuilt in 1861, after was destroyed by an earthquake.
◆ The provincial territory has a total surface area of148,827 km2, representing 4 per cent of the country's total surface area.
◆ Its population amounts to 1,400,142 inhabitants.
◆ It is bounded in the North by San Juan; in the East, by San Luis and La Pampa; in the South, by La Pampa and Neuquén; and in the West, by Chile.
◆ In this province wheat, corn, and specially grapevines are grown. There are also oil fields.
◆ Among the minerals with a major impact on exploitation, manganese, iron, lead and tungsten can be mentioned.
◆ Its represents the main headquarters of the Universidad de Cuyo (Cuyo University).

Bien mendocinos. La belleza singular de la zona de Uspallata. Y una típica escena del trabajo en la vendimia, en este caso, en una bodega rural del departamento de San Rafael.

Unmistakably, from Mendoza. The unique beauty of Uspallata area. And a typical view of the works performed at the vintage, in this case, at a rural wine cellar in the department of San Rafael.

Allá lejos. El volcán Maipo, con 5323 metros de altura, está en el límite exacto de la frontera con Chile, al norte del Paso del Maipo. Al pie, la laguna Diamante, en el departamento de San Carlos.

Even further. The Maipo Volcano, reaching 5323 m, is located exactly at the boundary with Chile, north of Paso del Maipo. Closer, the Laguna Diamante (Diamond Lagoon), in the Department of San Carlos.

Obra de la naturaleza. A 2720 metros sobre el nivel de mar, el Puente del Inca (con o sin nieve) impacta por ser una caprichosa formación natural sobre el río Las Cuevas, originado por la acción del agua durante siglos.

Mother Nature Masterpiece. 2720 m above the sea level, Puente del Inca *(Inca Bridge)* (with or without snow) stands impressive, a natural stubborn formation on Las Cuevas River, originated by the action of the water for centuries.

El más alto. El cerro Aconcagua, con sus 6959 metros, es el más alto de América. En el Puente del Inca se encuentra el Cementerio de los Vencidos, donde descansan los alpinistas que perdieron la vida en su intento por llegar a la cumbre.

The highest. The Aconcagua, reaching 6,959 m, is the highest peak of the American continent. In Puente del Inca you may find the Cementerio de los Vencidos (Cemetery of the Defeated), where the remains of those climbers who lost their lives trying to reach its summit rest.

El brindis de la tierra. El trabajo diario en la bodega La Rural. Tres cuartas partes de la superficie cultivada en la provincia pertenecen a la producción vitivinícola. Los vinos mendocinos son reconocidos mundialmente.

The land's toast. The daily work performed at a wine cellar called La Rural. Three quarters of the cultivated area of the province are devoted to grape-growing and wine-making. The wines from Mendoza are worldwide known.

Sin agua. El clima mendocino es semiárido y las lluvias apenas superan los 250 milímetros anuales. Por esa razón, la vegetación muestra por momentos cierta aridez. Una zona camino de Las Leñas, en la región de Malargüe.

No water. Mendoza has a semiarid climate and rainfalls hardly exceed 250 mm yearly. For this reason, the vegetation occasionally shows certain aridness. It is a place located on the way to Las Leñas, in Malargüe region

CORDOBA

Entre el Cielo y la Sierra

Between the Sky and the Sierra

◆ Fue fundada el 6 de julio de 1573, por Jerónimo Luis de Cabrera.

◆ Su territorio se reparte entre llanura y sierras pampeanas.

◆ Su superficie alcanza un total de 165.321 km2.

◆ Posee 2.796.857 habitantes (censo de 1991), con una proyección de más de 3 millones para el año 2000.

◆ Limita al norte con Santiago del Estero y Catamarca; al este, con Buenos Aires y Santa Fe; al sur, con La Pampa; al oeste, con La Rioja y San Luis.

◆ Su producción económica depende de la agricultura, ganadería y minería (16%), industria (34%) y servicios (50%).

◆ It was founded by Jerónimo Luis de Cabrera, on July 6th, 1573.

◆ Plains and Pampean Sierras conform its territory.

◆ This province has a surface area of 165,321 km2.

◆ Its population amounts to 2,796,857 inhabitants (1991 Census), with an estimate exceeding 3 million inhabitants for the year 2000.

◆ It is bounded in the North by Santiago del Estero and Catamarca; in the East by Buenos Aires and Santa Fe; in the South by La Pampa; in the West by La Rioja and San Luis.

◆ Its economy depends on agriculture, cattle and mining (16%) production, industry (34%) and services (50%).

Espiar al vecino. Antigua capilla jesuítica en la Pampa de Pocho, al oeste de la ciudad de Córdoba, capital de la provincia. En la foto grande, la Quebrada de la Mermela, desde donde puede verse la provincia de La Rioja.

Spying on the neighbor. The ancient Jesuitical chapel in Pampa de Pocho, west of the City of Córdoba, the provincial capital. Large, the Quebrada de la Mermela; the province of La Rioja can be seen from this spot.

Verde natural. Una vista de Villa Berna, donde la exuberante vegetación cordobesa alcanza su máximo esplendor.

Natural green. A sight from Villa Berna, where the exuberant Cordovan vegetation reaches its maximum glory.

Pequeños ríos de cristal. Ninguna otra provincia argentina está surcada por tantos arroyos y de agua tan cristalina entre las piedras. Al lado, más vegetación, viviendas bajo un cielo infinito y una imagen de la Pampa de Achala, con las sierras de fondo.

Small crystal rivers. No other Argentinean province is furrowed by so many streams or traveled by such limpid waters among the rocks. Next, more vegetation, dwellings under a never-ending sky and a sight from Pampa de Achala, with the Sierras as the background.

Las mieles del paisaje. La iglesia Santa Catalina. Al lado, los desayunos de San Marcos Sierra, una zona de producción mielera y el valle de la Candonga, todo al noroeste de la capital.

A honey of a landscape! Santa Catalina Church. Next, the breakfasts offered at San Marcos Sierra, a place where honey is produced, and the Valley of Candonga, all of them northwest of the capital city.

SAN LUIS

Despliegue de Colores

Color Display

◆ Su capital es San Luis. Fue fundada por Luis Jofré y Meneses el 15 de octubre de 1594.
◆ Tiene una superficie total de 76.748 km2, lo que significa el 2 por ciento del total del país.
◆ Limita al norte con San Juan, La Rioja y Córdoba; al este con Córdoba y La Pampa; al sur con La Pampa; y al oeste, con San Juan y Mendoza.
◆ Su población es de 286.379 habitantes.
◆ San Luis cuenta con un importante centro comercial.
◆ Se destacan sus yacimientos de tungsteno y uranio, además de sus magníficas canteras de mármol y piedra ónice.
◆ El turismo ha crecido significativamente en los últimos años.

◆ Its Capital City is also called San Luis and was founded by Luis Jofré y Meneses, on October 15th, 1594.
◆ It covers a total surface of 76,748 km2, representing 2 percent of the whole country surface.
◆ It is bounded in the North by the San Juan, La Rioja and Córdoba; in the East by the Córdoba and La Pampa; in the South by La Pampa; in the West by San Juan and Mendoza.
◆ Its has a population of 286,379 inhabitants.
◆ San Luis commercial center is full with activity.
◆ It has important tungsten and uranium fields and also magnificent marble quarries and onyx stone.
◆ Tourism has grown significantly over the last years.

Bellezas naturales. La flora, aun en la región desértica, es especialmente prolífica en la zona puntana. Sobre todo, por ejemplo, en la zona que se ve en la foto, el inmenso Parque Nacional Sierra de las Quijadas.

Natural Beauties. The flora, even in the desert-like zone, is especially prolific in the high lands, particularly, for instance, in the area seen in the picture, the huge National Park called Sierra de las Quijadas (Jawbone Sierra).

Sierra celestial. Otra imagen del Parque Nacional. La Sierra de las Quijadas se ubica en el noroeste de la provincia. Contiene a los cerros Viejos, Portillo y Amarillo. Un lugar realmente paradisíaco.

Heavenly Sierra. Another view of the National Park. Sierra de las Quijadas is located northeast of the province. It includes the hills Viejos, Portillo and Amarillo. This site is unmistakably heavenly.

Cosas de pueblo. San Luis está lleno de pequeños pueblos plenos de vida propia. Como Carolina, que ilustran las imágenes, tanto de la fachada de la municipalidad como de sus alrededores. Y un colador que utilizaron los buscadores de oro.

Small town stuff. San Luis is spotted with many tiny villages, each characterized by a lifestyle of its own, namely, La Carolina. In the pictures, the frontage of its Town Hall and its suburbs.

MUNICIPALIDAD
PROV. de SAN LUIS
CAROLINA

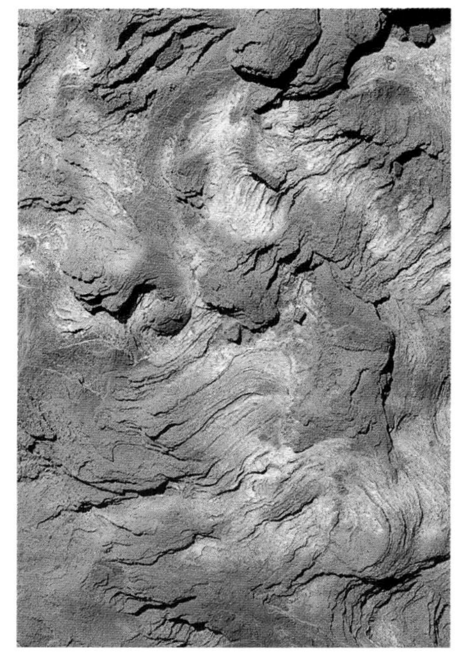

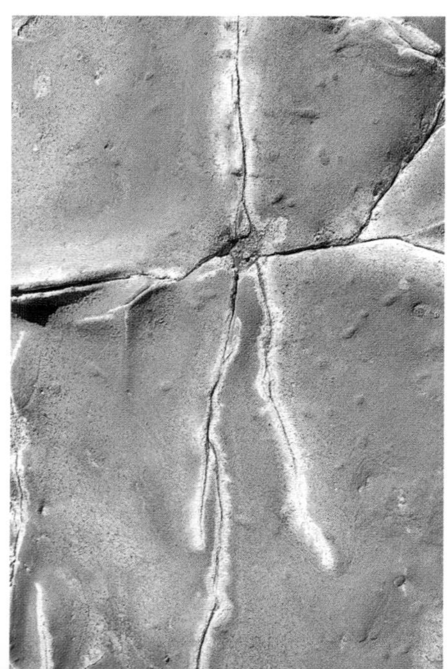

La mano de Dios. Sierra de las Quijadas, un marco natural esplendoroso. Una zona repleta de arbustos, cactos, donde predominan los zorros, los guanacos y, muy a menudo, se puede ver volar algún cóndor.

The hand of God. Sierra de las Quijadas, a splendid natural frame. An area crowded with bushes and cacti. Foxes and guanacos prevail and very often the magnificent flight of a condor highlights the sky.

SAN JUAN

La Morada del Buen Sol

The Home of the Sun

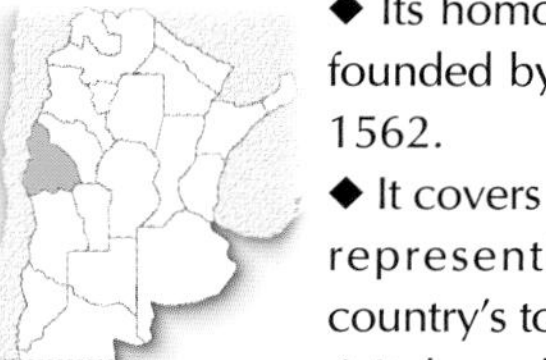

◆ La capital homónima fue fundada por Juan Jufre el 13 de junio de 1562.
◆ Ocupa una superficie de 89.651 Km2, lo que significa el 2,4 por ciento del total del país.
◆ Su población asciende a un total de 526.263 habitantes.
◆ Limita al oeste con Chile; al norte con La Rioja; al este con San Luis y al sur con Mendoza.
◆ En 1944 fue destruida por un terremoto. Reconstruida, tiene la fisonomía de una ciudad moderna, con grandes avenidas.
◆ La provincia es esencialmente agrícola: olivos, frutas, vid.
◆ El turismo es muy importante.

◆ Its homonymous capital city was founded by Juan Jufre, on June13th, 1562.
◆ It covers a surface of 89,651 Km2, representing 2.4 percent of the country's total surface.
◆ Its bounded in the West by Chile; in the North by La Rioja; in the East by San Luis and the South by Mendoza.
◆ Its population amounts to a total of 526,263 inhabitants.
◆ In 1944 it was destroyed by an earthquake and after its rebuilding, the physiognomy of a modern city, with wide avenues, emerged.
◆ The province is essentially devoted to agriculture: olive trees, fruit, and grape.
◆ Tourism is very important.

El suelo habla. En el Valle de la Luna, dentro del Parque Provincial Ischigualasto, las cadenas rocosas ofrecen las más asombrosas combinaciones de formas. El suelo se presenta resquebrajado por la sequía del clima.

Soil speaks. In the *Valle de la Luna* (Valley of the Moon) located in the Provincial Park Ischigualasto, the rocky mountains offer astonishing combinations of shapes. The soil cracks under the climate's dryness.

Dinosaurios. En el Valle de la Luna se "descubren" las siluetas de un iglesia, una llave o un zapato. Hace 200 millones de años, el valle era húmedo y lleno de vegetación, y estaba poblado por dinosaurios. Hoy es uno de los yacimientos paleontológicos más importantes del planeta.

Dinosaurs. In the Valle de la Luna different silhouettes are "discovered": a church, a key or a shoe. 200 million years ago, the Valley was humid and full of vegetation populated by dinosaurs. Today it has become one of the most important paleontologic areas on the planet.

Agua y energía. Con un territorio donde predomina el suelo montañoso, los recursos hídricos son aprovechados al máximo. Los ríos siempre se originan en los relieves andinos.

Water and energy. With a territory where mountains prevail, hydric resources are profitably employed. Rivers always originate in the Andean relief.

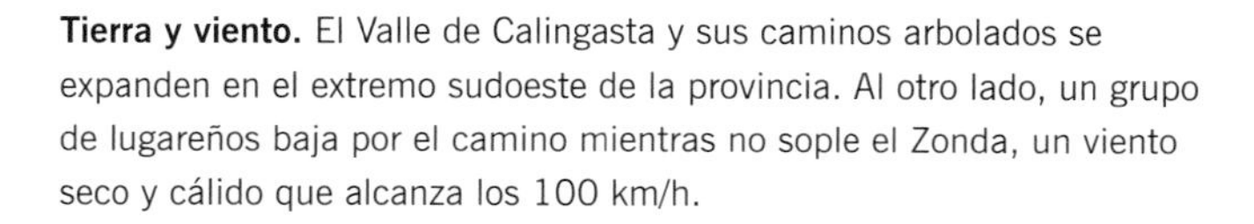

Tierra y viento. El Valle de Calingasta y sus caminos arbolados se expanden en el extremo sudoeste de la provincia. Al otro lado, un grupo de lugareños baja por el camino mientras no sople el Zonda, un viento seco y cálido que alcanza los 100 km/h.

Land and Wind. Calingasta's Valley and its tree-fringed roads extend in the southeast end of the province. On the other side, a group of villagers are coming down the road as long as the "Zonda" is not blowing. The Zonda is a dry and hot wind traveling 100 km/h.

LA RIOJA

Cálida y Apacible

Warm and Peaceful

◆ Fue fundada por Juan Ramírez de Velazco el 20 de mayo de 1591.
◆ El territorio provincial tiene una superficie de 89.680 Km², y ocupa el 2,4 por ciento del suelo argentino.
◆ Su población asciende a 220.910 habitantes.
◆ Limita al oeste con la República de Chile al norte con Catamarca; al este con Córdoba; y al sur con San Luis y San Juan.
◆ La provincia tiene en sus recursos mineros el potencial económico más importante, con grandes reservas de oro y plata.
◆ El turismo en los últimos años ha tomado mayor importancia.

◆ Juan Ramírez de Velazco founded it, on May 20th, 1591.
◆ The provincial territory covers an area of 89,680 km2, representing 2.4% of the Argentine territory.
◆ Its population amounts to 220,910 inhabitants.
◆ Its borders with Chile to the West; with Córdoba to the east; with Catamarca to the North and with San Luis and San Juan to the South.
◆ Within the mining resources, the Province has the most relevant economic potential, with significant gold and silver reserves.
◆ Over the last years, tourism has gained importance.

Todo un clásico. El imponente Parque Nacional Talampaya, un orgullo de los riojanos y todo un atractivo turístico. Y el cañón de Talampaya, huella irreprochable de una historia rica y antiquísima.

A classic of its own. The impressive National Park, Talampaya, makes Riojans swell with pride and represents a tourist attraction. And the Talampaya Canyon, an irreproachable imprint of a rich and ancient history.

Tierra natural. Aunque parezca mentira, hace millones de años, gran parte de las tierras riojanas estuvieron bajo el mar. Más tarde, el hombre poblaría llanos y cerros. Y la naturaleza haría el resto.

A natural land. Amazing, as it may seem, millions of years ago a large part of the province land was under the sea. Later, man would populate plains and hills. And Mother Nature would do the rest.

Al aire libre. El clima de la provincia es semiárido, con fuertes soles y muy poca humedad. Según la altura, varía la humedad. Los veranos suelen tener altas temperaturas. En la foto, la cuesta de Miranda.

Outdoors. The province climate is semiarid, the sun intense and humidity scarce, which varies with height. In summer temperatures are usually very high. In the picture, the Cuesta de Miranda (Miranda Slope).

Pura historia. La Rioja tiene un riquísimo material para paleontólogos, ya que quedan restos de viejos centros rituales y hasta animales fosilizados. En una de las imágenes, arte rupestre de las culturas ciénaga y aguada. Arriba, el cañón del río Talampaya.

Pure history. La Rioja is very rich in material for paleontologists, as there are remainders of old ritual centers and even fossilized animals. In one of the pictures, rupestrian art from the cultures Ciénaga and Aguada. Above, the Talampaya River Canyon.

CATAMARCA

El Ruidoso Silencio de los Valles

The Noisy Silence of the Valleys

◆ Fue fundada el 5 de julio de 1683, por Fernando de Mendoza y Mate de Luna.
◆ Su superficie es de 102.602 Km2.
◆ Tiene una población de 264.234 habitantes (censo 1991).
◆ La capital es San Fernando del Valle de Catamarca.
◆ Limita al oeste con Chile, al norte con Tucumán, al este con Santiago del Estero y al sur con La Rioja.

◆ It was founded in July 5th, 1683, by Fernando de Mendoza and Mate de Luna.
◆ Its surface covers 102,602 square kilometers.
◆ Its population amounts to 264,234 inhabitants (Census 1991).
◆ Its capital city is San Fernando del Valle de Catamarca.
◆ It is bounded in the West by Chile, in the North by Tucumán, in the East by Santiago del Estero and in the South by La Rioja.

Típica postal. Las llamas en los alrededores de Antofagasta de la Sierra.
Esos animales forman parte del paisaje de Catamarca. Las luminosas estrías de sus valles le dan a la provincia un esplendor singular.

A typical postcard. The llamas in Antofagasta de la Sierra outskirts.
These animals constitute a part of Catamarca landscape. The bright grooves of the valleys give the province a splendor second to none.

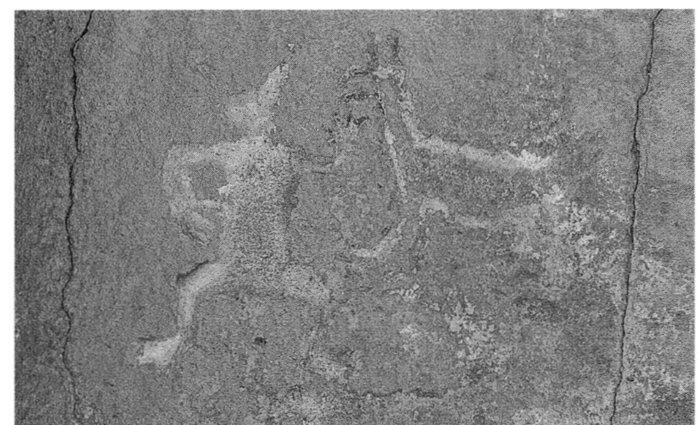

Vieja tradición. El vocablo Catamarca proviene de dos términos quichuas: "cata", por ladera, y "marca", que significa "fuerte de frontera". En estas fotografías, antiquísimos petroglifos en Antofagasta de la Sierra.

An old tradition. The term Catamarca derives from two quichua words: "cata", which means hillside, and "marca", which means "with strong boundaries". In these pictures, ancient petroglyphs can be seen in Antofagasta de la Sierra.

Noble animal. Las llamas acompañaron por mucho tiempo a los habitantes de Catamarca, incluso como animales de carga. En esta imagen, un típico arreo de llamas en los alrededores de El Peñón.

A noble animal. For a long time, the llamas have been loyal companions of Catamarca inhabitants, even as load-carrying animals. This superb shot represents llamas being driven in El Peñón outskirts.

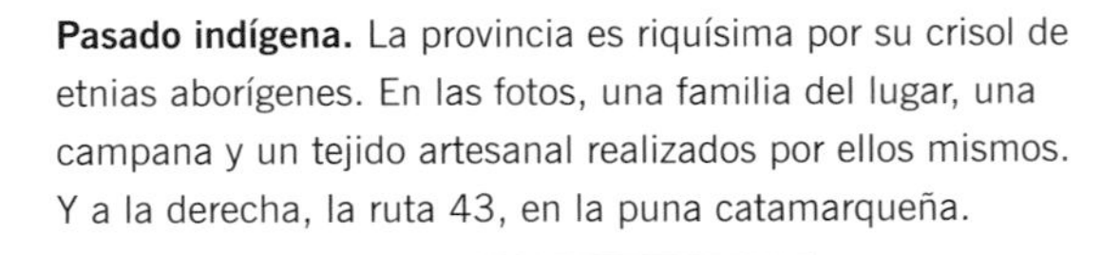

Pasado indígena. La provincia es riquísima por su crisol de etnias aborígenes. En las fotos, una familia del lugar, una campana y un tejido artesanal realizados por ellos mismos. Y a la derecha, la ruta 43, en la puna catamarqueña.

An indigenous past. This province is very rich in terms of ethnic groups, with different aboriginal origins. In these pictures a family of this place is shown, together with a bell and artistic knitted fabrics made by themselves. Right: Ruta 43 (a route), in Catamarca puna.

TUCUMAN

Un Jardín Que Emociona

A Touching Garden

◆ San Miguel de Tucumán es el nombre completo de la capital, fundada por Diego Villarroel el 31 de mayo de 1565.
◆ Ocupa una superficie de 22.524 km2, y representa apenas el 0,6 por ciento de la superficie total del país.
◆ Tiene una población de 1.142.231 habitantes.
◆ Limita con la provincia de Santiago del Estero al este, con Catamarca al oeste y al sur, y con Salta en la frontera norte.
◆ Su principal riqueza es la industria azucarera, a la que le siguen la agropecuaria y la textil.
◆ También son importantes sus destilerías de alcohol.
◆ Su universidad acoge a la población estudiantil de otras provincias.

◆ San Miguel de Tucumán is the full name of the Capital City, which was founded by Diego Villarroel, on May 31st, 1565.
◆ This province has a total surface area of 22,524 km2, representing barely 0.6 percent of the country's total surface area.
◆ It has a population amounting to 1,142,231 inhabitants.
◆ It is bounded in the East by the province of Santiago del Estero, in the West and in the South, by Catamarca, and in the North, by Salta.
◆ The sugar industry is the main contributor of its economy, followed by agriculture, cattle, and textile production.
◆ This province is also important for its alcohol distilleries.
◆ Students from other provinces attend the University of Tucumán.

Historia india. Dos burritos, el mejor "transporte" entre los cerros. Al lado, un bosque de alisos (árbol autóctono) en el Parque Provincial El Cochuna, al pie de los Nevados del Aconquija.

Indian History. Two small donkeys, the best "transport means" to cross the hills. Next, a forest of Alders (an autochthonous tree) at El Cochuna Provincial Park, at the foot of the Nevados del Aconquija (Snow-covered peaks).

Piedra y árbol. La frondosa selva tucumana, no muy alejada de la capital provincial. Flores típicas, un detalle colonial en Tafí del Valle y una piedra tallada en el Parque de los Menhires.

Stone and Tree. The luxuriant Tucumán Jungle, not very distant from the provincial capital city. Smaller, typical flowers and a colonial detail in Tafí del Valle, and a stone carved in Menhires Park.

Vivir en soledad. Solitaria y rodeada de pureza, así es la vida entre los cerros tucumanos, frente al Parque de los Menhires, en Tafí del Valle.

Living in isolation. Lonely and immersed in purity. These concepts define life among Tucumán hills, facing Menhires Park, in Tafí del Valle.

Arboles y frutas. Las plantaciones frutales son algo común de ver en tierra tucumana. En las otras fotos, las ruinas de Quilmes y una vista de la ruta 307 que lleva a Tafí del Valle.

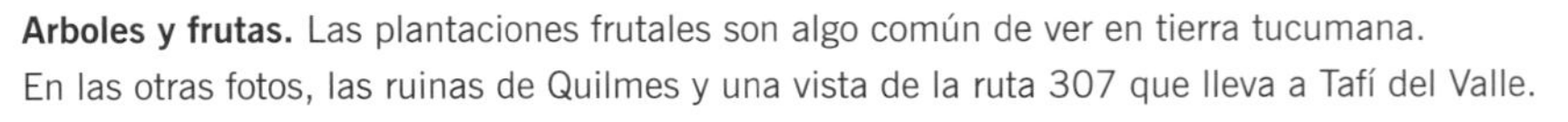

Trees and fruits. Fruit plantations are a common sight in this land. Large, the ruins of Quilmes and a view from route 307, which leads to Tafí del Valle.

SALTA

Más Linda Que Nunca

More Beautiful Than Ever Before

◆ Su capital lleva el mismo nombre. Fue fundada por Hernando de Lerma, el 16 de abril de 1582.

◆ Tiene una superficie de 155.488 Km2, y representa el 4,1 por ciento del total del país.

◆ Su población asciende a 863.792 habitantes.

◆ La provincia posee yacimientos de bórax, azufre, plomo, hierro y cobre. Además es importante el cultivo de la caña de azúcar y el tabaco.

◆ Limita al norte con Bolivia; al oeste con Chile; al este con Formosa y Chaco; y al sur con Catamarca, Santiago del Estero y Tucumán.

◆ Sobresalen sus numerosos monumentos de arte colonial, como el Cabildo y la Catedral, de orden dórico.

◆ Its Capital City bears the same name, and was founded by Hernando de Lerma, on April 16th, 1582.

◆ It has a surface area of 155,488 Km2, representing 4.1 per cent of the total national territory.

◆ Its population amounts to 863,792 inhabitants.

◆ This province has borax, sulfur, lead, iron and copper fields. In addition, sugar cane and tobacco are important economic resources.

◆ It is bounded in the North by Bolivia; in the West, by Chile; in the East, by Formosa and Chaco; and in the South, by Catamarca, Santiago del Estero and Tucumán.

◆ Its numerous colonial art monuments are outstanding, among which the Cabildo (Town Council) and the Doric order Cathedral, can be mentioned.

Vista panorámica. En la foto principal, el camino hacia sierra Santa Victoria, en el extremo norte de la provincia. Arriba, una construcción en la localidad de Cachi, en los Valles Calchaquíes.

Panoramic view. In the main photograph, the road to the Santa Victoria Sierra, in the north end of the province. Above, a construction in a small town called Cachi, at the Valles Calchaquíes (Valleys).

Tierra adentro. Arriba, un grupo de niños en la zona de Iruya, en la sierra de Zenta. Y un grupo de animales en el valle de Lerma. A la derecha, más imágenes de Cachi: un campanario, caucho salteño y un secadero de pimentón, en los Valles Calchaquíes.

Inland. Above, a bunch of children in Iruya area, at the Zenta Sierra, and a group of animals at the Valle de Lerma (a Valley). Right, different images from Cachi: a bell tower, rubber from Salta, and a powdered red pepper fruit drying room, at the Valles Calchaquíes.

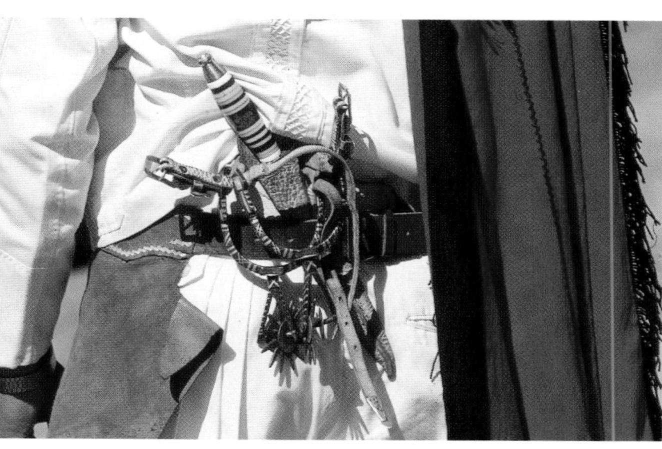

Pasión de multitudes. Ya se sabe que en cualquier lugar de la Argentina, desde Ushuaia hasta La Quiaca, se puede organizar un partido de fútbol. Este es en la localidad de Iruyá, con tribuna propia.

The People's Passion. Every corner of the Argentina Republic, from Ushuaia to La Quiaca, is a good place to organize a soccer game. This is a small town called Iruyá, with a tribune of its own.

Por toda la provincia. En la foto mayor, la quebrada del río de las Conchas, en la ruta nacional 68. Y dos imágenes, de arriba abajo: la zona de Calafate y la localidad de Tolombón, en la frontera con Tucumán.

All Over the Province. In the larger picture, the Quebrada del Río las Conchas (an uneven territory surrounding the river), at the National Route 68. And two more photographs, from top to bottom: the Calafate area and the locality of Tolombón, at the boundary with Tucumán.

Riqueza de suelo. Salta posee una variada geografía, donde confluyen el desierto, la selva, los bosques y las montañas. En las fotos se aprecia la zona de la quebrada del Toro, donde también se ve a un colla con sus ovejas.

A Rich Soil. Salta is characterized by the diversity of its geography, where desserts, jungle, forest and mountains converge. In the pictures, it is shown the Quebrada del Toro area and an Andean native, with his flock of sheep.

JUJUY

El Color de la Puna

The Color of the Puna

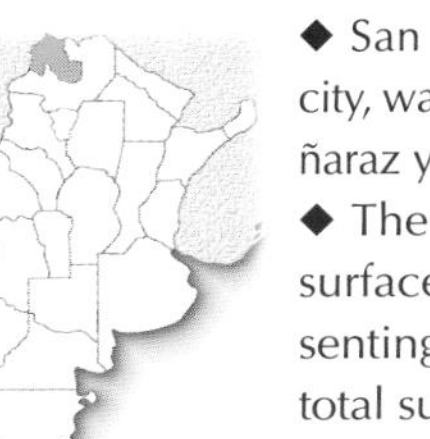

◆ San Salvador de Jujuy, la capital, fue fundada por Francisco de Argañaraz y Murguia el 19 de abril de 1593.
◆ El territorio provincial se extiende por 53.219 km2 y ocupa el 1,4 por ciento del suelo argentino.
◆ Al norte limita con la República de Bolivia; con la provincia de Salta al este y sur, y con la República de Chile al oeste.
◆ La población es de 513.273 habitantes.
◆ Su riqueza mineral abarca yacimientos de oro, plata, cobre, mercurio, carbón y también de petróleo.
◆ La Quebrada de Humahuaca es visitada por miles de turistas durante el año.

◆ San Salvador de Jujuy, the capital city, was founded by Francisco de Argañaraz y Murguia, on April 19th, 1593.
◆ The provincial territory covers a surface area of 53,219 km2, representing 1.4 percent of the country's total surface.
◆ It is bounded in the North by the Republic of Bolivia; in the East and in the South, by the province of Salta, and in the West by the Republic of Chile.
◆ Its has a population of 513,273 inhabitants.
◆ Its mineral resources include gold, silver, copper, mercury, coal and oil as its main components.
◆ The Quebrada de Humahuaca is visited by thousands of tourists every year.

La sal de la vida. Las cabras siguen el paso que marcan los pastores, en el valle de Purmamarca. A la izquierda, las Salinas Grandes, en plena puna jujeña.

The gist of life. Goats follow the way led by the shepherds at Purmamarca's Valley. On the left, Salinas Grandes, at the heart of Jujuy's Puna.

Maravilla en las alturas. A esta especie de cacto se la conoce como "cardón". Arriba, una vista al pie de los cerros, en Purmamarca.

The Heights Wonder. This kind of cactus is known as "cardones". Up, a sight at the foot of the hills, in Purmamarca.

Atrapados en el hielo. Algunas noches, cuando la temperatura desciende hasta los 25º bajo cero, la superficie de la laguna de Pozuelos se congela y los flamencos quedan atrapados hasta que el primer sol les devuelve la libertad. Por esto se los conoce como flamencos "penitentes".

Trapped in the ice. Sometimes, at night, when temperature drops below -25º C, the surface of the Pozuelos Lagoon freezes and the flamingoes are trapped until the earlier sun rays give them their freedom back. This is why these animals are known as "penitent" flamingoes.

El camino de la fe. El cerro de los Siete Colores, en Purmamarca. Abajo, la celebración del descenso de la Virgen de Copacabana, en Tilcara, durante Semana Santa.

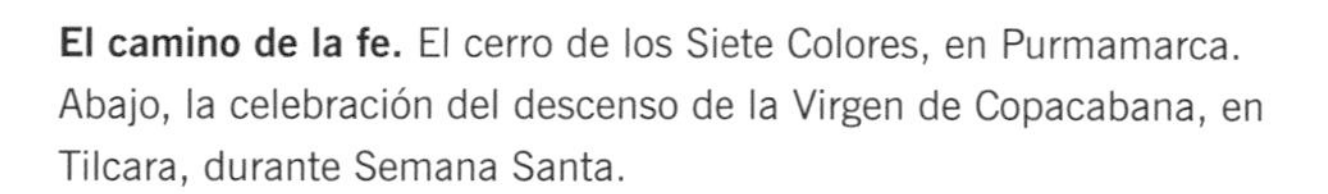

On the Way to Faith. The Cerro de los Siete Colores (The Seven Color Hill) in Purmamarca. Below, the celebration of the Copacabana' Virgin descent, in Tilcara, during the Holy Week.

Altas y bajas. La variedad topográfica del suelo jujeño incide claramente en su clima. En diferentes zonas de la provincia, en un mismo día, el clima puede variar desde temperaturas bajo cero (altiplano, de noche) hasta los 40 grados, más hacia el sur.

Low and High Lands. The topographic diversity of Jujuy's soil clearly impacts on its climate. In different regions, on the same day, the wheter may range from below zero Celsius degrees (high plateau, at night) to 40 Celsius degrees, in more southern regions.

FORMOSA

La Ruta del Pilcomayo

The Pilcomayo River Path

◆ El comandante Luis J. Fontana fundó la ciudad de Formosa el 28 de marzo de 1879.
◆ Sus 363.035 habitantes se distribuyen en los 72.066 km2 que forman la extensión del suelo provincial.
◆ Ocupa el 1,9 por ciento del territorio argentino.
◆ Limita con la República del Paraguay en toda la franja norte y este; al sur, con la provincia del Chaco; al norte con la provincia de Salta.
◆ El algodón y el plátano son los principales productos de su industria agropecuaria.
◆ Con la intención de preservar la flora y la fauna dentro de su territorio se creó el Parque Nacional Pilcomayo.

◆ Commander Luis J. Fontana founded the city of Formosa on March 28th, 1879.
◆ Its 363,035 inhabitants are distributed on the 72,066 km2 occupied by the provincial territory.
◆ This surface area represents 1.9 percent of the country.
◆ It is bounded both in the North and in the East by the Republic of Paraguay; in the South, by the province of Chaco; an in the North, by the province of Salta.
◆ Cotton and banana are the main crops of its agricultural industry.
◆ The Pilcomayo National Park was created to preserve the flora and fauna within its own territory.

El agua va. En grande, una vista aérea del río Bermejo, frontera natural con la provincia de Chaco, a la altura de la ruta 11 que une Resistencia, capital chaqueña, con la localidad de Clorinda. Arriba, Palmeras, vegetación típica de la región.

Water goes by. Enlarged, a top view from the Bermejo River, setting the natural boundary with province of Chaco, level with route 11 which joins Resistencia –Chaco's capital city– with the locality of Clorinda. Top, Palm trees, typical vegetation of the area.

La tierra húmeda. La presencia de ríos y arroyos dispersos en todo el suelo formoseño determina un clima húmedo y subtropical. Arriba, el arroyo Salado.

Humid soil. The presence of rivers and streams scattered all over de area of Formosa determines a humid and subtropical climate. Above, the Salado stream.

Juguemos en la isla. Las flores que crecen sobre los camalotes llenan de color el agua. Al lado, cerca de Puerto Veraz, las aguas bajaron y unos chicos juegan en un banco de arena que parece una pequeña isla.

Let's play in the island. Flowers growing on water hyacinths fill the water with vivid colors. Next, close to Puerto Veraz (a port), ebbing waters have left an island-like sand bank where kids gather to play.

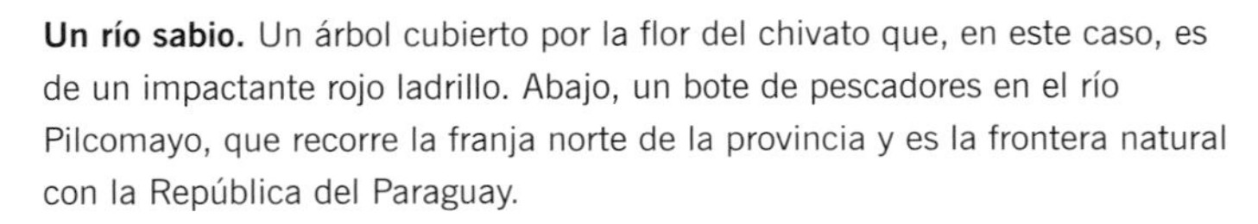

Un río sabio. Un árbol cubierto por la flor del chivato que, en este caso, es de un impactante rojo ladrillo. Abajo, un bote de pescadores en el río Pilcomayo, que recorre la franja norte de la provincia y es la frontera natural con la República del Paraguay.

A wise river. A tree covered by the "Chivato" (*Poinciana Regia*) flower, here of an impressive brick-red color. Down, a fishers' boat sailing in the Pilcomayo waters, a river which makes its way through the northern strip or the province and sets the natural boundary with the Republic of Paraguay.

CHACO

El Milagro de lo Virgen

The Miracle of a Virginal Setting

◆ Fue fundada en el año 1750.
◆ Su capital es Resistencia.
◆ Cuenta con una superficie de 99.633 km2, que representa el 2,8 por ciento del territorio argentino.
◆ Su población total es de 799.302 habitantes y su población rural alcanza el 40 por ciento, una de las más elevadas del país.
◆ Limita con la provincia de Formosa en su frontera norte; con Santa Fe y Santiago del Estero al sur; con Corrientes y la República de Paraguay al este; y con Salta y nuevamente Santiago del Estero al oeste.
◆ Entre sus recursos naturales más apreciados, Chaco cuenta con una rica variedad de maderas, especialmente el quebracho colorado, además de una importante producción algodonera.

◆ It was founded in 1750.
◆ Its capital city is Resistencia.
◆ It has a surface area of 99,633 Km2, representing 2.8 percent of the Argentinean territory.
◆ Its population amounts to 799,302 inhabitants, representing the rural portion thereof 40 percent, one of the highest rates in the country.
◆ It is bounded in the North by the province of Formosa; in the South, by Santa Fe and Santiago del Estero; in the East, by Corrientes and the Republic of Paraguay; and in the West, by Salta and again by Santiago del Estero.
◆ Among Chaco's more worthy natural resources, a rich variety of timber –specially, the red quebracho– can be mentioned, in addition to its relevant cotton production.

Agua y palmeras. Al sur de Resistencia, la ciudad capital, se encuentra una zona de lagunas y palmares que, vistas desde el aire como aquí, ofrecen un espectáculo imponente. El mono blanco, junto con el tapir, la mulita, el carpincho y las víboras, son típicos de la fauna chaqueña.

Water and Palm Trees. South of Resistencia, the capital City, there is a lagoon and palm groove area, which seen from above, as in this picture, offer an impressive show. The white monkey, together with the tapir, the mullite, the capybara, and the snakes, are typical components of the provincial fauna.

Nada más que verde. El "Impenetrable" chaqueño, conocido así por la imposibilidad de llegar mediante caminos y la exuberante vegetación, en el Parque Provincial Pampa del Indio, al norte de Roque Sáenz Peña, la segunda ciudad de la provincia. Al lado, los hornos y una maderera en Pampa del Infierno.

Green, Always Green. The so-called "Impenetrable", a well-deserved name, because accessing to it by land is impossible; and the exuberant vegetation, in the Pampa del Indio Provincial Park, north of Roque Sáenz Peña, the province's second city. Next, the furnaces and a lumber yard at Pampa del Infierno.

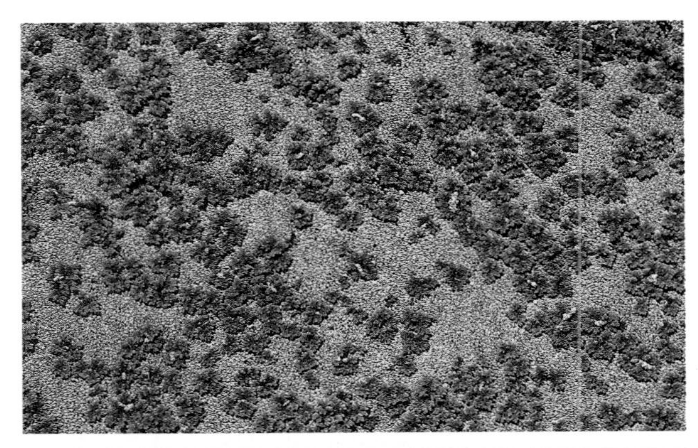

Dos mundos separados. Las barrancas del río Paraná, a la altura de Resistencia, semejan un corte abrupto entre agua y tierra. La vegetación, por su parte, colorea los caminos.

Two Separate Worlds. The Paraná River ravines, level with Resistencia, draw seemingly abrupt cutoff line separating land from water. The vegetation paints colorful roads.

El suelo que desaparece. Los bancos de arena se internan unos metros sobre el río Paraná, hasta que con la próxima subida de las aguas vuelven a quedar sepultados.

Vanishing Soil. Sand banks going a few meters into the Paraná River, to become absolutely

SANTIAGO DEL ESTERO

SAVIA Y RAÍCES VIVAS

SAP AND ROOTS ALIVE

◆ Su capital es Santiago del Estero, fundada el 25 de julio de 1553 por Francisco de Aguirre.
◆ Ocupa una superficie de 136.351 km2, y representa el 3,6 por ciento del total del país.
◆ Su población asciende a un total de 670.388 habitantes.
◆ Situada a orillas del río Dulce, posee bellos edificios. Su catedral data de 1570, y es la más antigua de las ciudades argentinas.
◆ Limita con las provincias de Chaco y Salta al norte; con Córdoba en el sur; con Catamarca y Tucumán al oeste y nuevamente con Chaco y Santa Fe al este.
◆ Su estructura económica (agricultura, ganadería, minería, industrias y servicios) representa, sobre el total del país, un 0,47%.
◆ Se destacan sus manifestaciones culturales, arquitectónicas, religiosas, etc.

◆ Santiago del Estero is the capital city and was founded on July 25th, 1553 by Francisco de Aguirre.
◆ It has a surface area of 136,351 km2, representing 3.6 percent of the country's territory.
◆ Its population amounts to a total of 670,388 inhabitants.
◆ Located on the Dulce River bank, Santiago has picturesque buildings. Its cathedral dates back to 1570, being the oldest of the Argentinean cities.
◆ It is bounded in the North by the provinces of Chaco and Salta; in the South, by Córdoba; in the West by Catamarca and Tucumán; and in the East, again by Chaco and Santa Fe.
◆ Its economical structure (agriculture, cattle breeding, mining, industries and services) represents 0.47% of the country.
◆ Its cultural, architectonic and religious expressions are relevant.

Postal de ausencias. La iglesia abandonada de un pueblo también abandonado. Su nombre es, o mejor dicho "fue", Quebrachos, en el sur de la provincia. Arriba, el ardiente clima santiagueño obliga a las aves a permanecer en el agua.

Conspicuous by their Absence. An abandoned church in a town which has also been abandoned. Located in the south of the province, it is called –rather, it "was" called– Quebrachos. Top, the extremely hot climate in Santiago forces birds to stay in the water.

Al calor de la tierra. Hornos de ladrillo y adobe al borde de la ruta 6, camino a Añatuya. En los hornos, con la corteza de los árboles, se hace carbón de leña. Arriba, el Quebracho, una especie autóctona, famosa por la resistencia de su madera.

Towards the Heat of the Land. Brickkilns and sun-dried clay brick kilns by the edge of route 6, on the way to Añatuya. These kilns serve to manufacture charcoal from the bark of the trees. Above, a Quebracho tree, an autochthonous species, widely known by its resistant wood.

Un sol infinito. El clima de Santiago es cálido y seco. Los veranos son muy calurosos y los inviernos, suaves y breves. Estas condiciones generan un paisaje agreste con vegetación árida, como los cactos que pueblan las rutas y caminos santiagueños.

The Everlasting Sun. Santiago's climate is hot and dry. While summers are very hot, winters are mild and short. Such conditions favor this rustic scenery, characterized by an arid vegetation, a clear example of which are the cacti populating provincial routes and roads.

Silencio y cultivo. Un rancho de paja al borde de la ruta provincial 6. Los pueblos santiagueños son silenciosos. La frutihorticultura y los cereales conforman la principal producción agrícola.

Silence and Crops. A thatched hut at the edge of the provincial route 6. Santiago's villages are very silent. Fruit-growing, horticulture and cereal are the main components of its agricultural production.

SANTA FE

La Armonía de la Tierra

Harmony on the Earth

◆ Su capital homónima fue fundada por Juan de Garay, el 15 de noviembre de 1573.
◆ Ocupa una superficie de 133.007 km2, lo que significa el 3,5 por ciento del total del país.
◆ Limita con las provincias de Entre Ríos y Corrientes al este; con Buenos Aires al sur; con Córdoba y parte de Santiago del Estero al oeste; y con la provincia del Chaco en el norte.
◆ Su población asciende a un total de 2.782.809 habitantes.
◆ Es un importante nudo de comunicaciones.
◆ Sobresale su puerto en el río Paraná. Un túnel subfluvial la une con Paraná.
◆ Se destaca su Universidad.
◆ La industria textil ha tomado impulso en los últimos años.

◆ Its homonymous capital city was founded by Juan de Garay, on November 15th, 1573.
◆ It has a surface area of 133,007 Km2, representing 3.5 percent of the country's total territory.
◆ It is bounded in the East by the provinces of Entre Ríos and Corrientes; in the South, by Buenos Aires; in the West, by Córdoba and a part of Santiago del Estero; and in the North, by the province of Chaco.
◆ Its population amounts to 2,782,809 inhabitants.
◆ It constitutes an important communications hub.
◆ The port in the Paraná River is hectic with activity.
◆ It has an outstanding University.
◆ The textile industry has gained importance over the last few years.

Con el sol de frente. Arriba, la laguna de la Cueva del Tigre. Al lado, palmeras y cultivos de girasol, uno de los más extendidos en los territorios de la provincia.

Facing the sun. Top, Cueva del Tigre Lagoon. Next, palm trees and sunflower plantations, one of the largest in the provincial territories.

Aires de plenitud. Un pescador en el arroyo Amores, camino de la localidad de Villa Guillermina., al norte de la provincia.

Air of Plenitude. A fisherman in the Amores Stream, on the way to the locality of Villa Guillermina., north of the province.

Tierra bendecida. Un árbol palo borracho en la llanura santafesina. Arriba, el gaucho de la Pampa Húmeda, y una iglesia en el pueblo de Las Garzas. Al lado, una tranquera al sol.

The Blessed Land. A "Palo Borracho" (*Chorisia insignis*) tree in Santa Fe plains. Top, the Humid Pampas "gaucho" and a church in Las Garzas town. Next, a rustic gate facing the sun.

Paraná, un mismo destino. Todas las aguas santafesinas terminan, directa o indirectamente, desembocando en el río Paraná. Al norte de la provincia el clima es cálido, con elevadas temperaturas durante los veranos e inviernos muy fríos.

Paraná, the Same Destination. All Santa Fe waters, either directly or indirectly flow towards the Paraná River. North of the province, the climate is hot, with extreme temperatures both in summer and winter.

MISIONES

Siempre Majestuosa

Always Majestic

◆ Su capital es Posadas, y fue fundada el 8 de noviembre de 1870.
◆ Tiene una superficie total de 29.801 km2, y ocupa el 0,8 por ciento sobre el total del país.
◆ Su población es de 787.514 habitantes.
◆ Sus límites geográficos son: al norte, este y sur con Brasil y, al oeste, con Paraguay.
◆ En la provincia sobresale su gran riqueza forestal.
◆ Existen minas de oro, plata y hierro.

◆ Its Capital City is called Posadas, and was founded on November 8th, 1870.
◆ It has a surface area of 29,801 Km2, representing 0.8 percent of the country's territory.
◆ Its population amounts to 787,514 inhabitants.
◆ It is bounded in the North, in the East and in the South, by Brazil, and in the West, by Paraguay.
◆ The main economical resource of this province lies in forestry.
◆ There are gold, silver and iron mines.

Arriba y abajo. El esplendor de la selva misionera, hasta donde se pierde la vista. La provincia tiene más de un millón de hectáreas de zona boscosa y una impresionante riqueza forestal.

Up and down. The glamorous Missionary jungle, stretching beyond one's eyesight. The forest area of this province occupies more than one million hectares of woody land and its forest resources are impressive.

Verdadero tesoro. Arriba, las ruinas jesuíticas de San Ignacio, todo un epicentro que convoca al turismo, por su historia. Abajo, piedras preciosas halladas en la localidad de Wanda. A la derecha, los saltos del Moconá.

A True Treasure. Top, San Ignacio's Jesuitic Ruins, a real epicenter which attracts tourism, for its historical value. Bottom, precious stones found in a small town called Wanda. Right, Moconá waterfalls.

Maravilla del mundo. Las cataratas del Iguazú, en el Parque Nacional Iguazú. Más de 270 saltos de agua, que tienen hasta 80 metros de altura. Son el principal atractivo turístico de la provincia y uno de los más convocantes del país.

One of the Wonders of The World. Iguazú Waterfalls, at the Iguazú National Park. Over 270 waterfalls, reaching up to 80 meters in height. They constitute the main tourist attraction not only of the province, but of the whole country.

Todo para admirar. Una buena parte de la producción misionera depende de sus cultivos. La yerba mate es la principal manufacturación. Luego vienen el té, el tabaco y la caña de azúcar. En esta página, las ruinas jesuíticas de Santa Ana y el río Paraná.

Admiration Deserving. A good part of the Missionary economy depends on agriculture. The maté is the main manufactured product, with tea, tobacco, and sugar cane following. In this page, Santa Ana's Jesuitic Ruins and the Paraná River.

Marco natural. La imponencia del río Paraná. Por algo, Iguazú significa *"agua grande"*. Arriba, especies que pueden encontrarse en la selva misionera, como tucanes y guacamayos. Su ganadería tiene mestización de importantes razas vacunas con cebúes.

A Natural Setting. Majestic. The Paraná River. No wonder "Iguazú" means *"great waters"*! Top, some species which can be found in the Missionary Jungle, such as toucans and macaws. Cattle breeding is a mix of important bovine breeds with zebu.

CORRIENTES

UN CARNAVAL DE PAISAJES

A CARNIVAL OF SCENERIES

◆ Corrientes fue fundada por Juan Torres de Vega y Aragón el 3 de abril en 1588, con el nombre de San Juan de Vera de las Siete corrientes. Es la más antigua de la Argentina.
◆ Con sus 88.199 km2 ocupa el 2,3 por ciento del territorio nacional.
◆ Tiene una población total de 780.778 habitantes.
◆ Ocupa el centro de lo que se conoce como Región Mesopotámica.
◆ Limita al norte con Paraguay; al oeste con Chaco y Santa Fe; al este con Misiones, Brasil y Uruguay; al sur con Entre Ríos.
◆ Buena parte de su economía se sustenta en la producción de cítricos, que se extiende por todo el territorio. Otros cultivos importantes son el arroz, té, algodón y tabaco.

◆ Corrientes was founded by Juan Torres de Vega y Aragón, on April 3rd, 1588, with the name of San Juan de Vera de las Siete Corrientes. It is the oldest city in Argentina.
◆ It has a total surface area of 88,199 km2, representing 2.3 percent of the national territory.
◆ Its total population amounts to 780,778 inhabitants.
◆ It occupies the core of what is known as the Mesopotamian Region.
◆ It is bounded in the North by Paraguay; in the West, by Chaco and Santa Fe; in the East, by Misiones, Brazil and Uruguay; and in the South, by Entre Ríos.
◆ A good part of the provincial economy lies on citrus fruit, the production of which extends all over the territory. Other important crops include rice, tea, cotton, and tobacco.

Flora y fauna. Típica imagen de la provincia: camalotes en los esteros del Iberá. Arriba, dos caballos y un carpincho. El ganado equino es de muy buena calidad en la provincia, aunque no sea muy numeroso.

The Flora and Fauna. A typical image of this province: water hyacinths in the Iberá's swampy lands. Top, two horses and an capybara. Horses quality is superb in this province, although they are reduced in number.

Desde el agua. Un primer plano, que se extiende bien lejos, de la laguna Iberá. La generosa vegetación acuática es otra característica de Corrientes. Un camalotal con la flor del Irupé y un yacaré en la laguna Iberá.

From the Water. A foreground of the Iberá Lagoon, stretching in the distance. The exuberant aquatic vegetation is one of Corrientes' many peculiarities. A water hyacinth bed, with the royal water lily and an alligator in the Iberá lagoon.

En la orilla. Una barcaza está por hacerse río adentro en la laguna. Los principales puntos de pesca son Goya y Paso de la Patria. Más imágenes de sus distintas especies: una garza y un cardenal.

At the River Bank. A barge is about to work its way into the lagoon. The main fishing resorts are Goya and Paso de la Patria. More images of different species: a heron and a cardinal bird.

Agua bien dulce. Los esteros del Iberá son la máxima reserva de agua dulce en todo el continente. Constituyen, además, una importante reserva ecológica. Mucha gente de los alrededores vive de la pesca en esas aguas.

Fresh Water. The Iberá's swampy lands are the most important fresh water reserve in the whole continent. Besides, they constitute a very important ecological reserve. Many people from the surrounding areas live by fishing in these waters.

Al galope. El correntino tiene una larga tradición de hombre de a caballo. En esta imagen, un arreo en la colonia Carlos Pellegrini.

Galloping. Corrientes natives have a long tradition of horseback riding. In this picture, some animals being round up are shown, at colonia Carlos Pellegrini.

ENTRE RIOS

Verde Para Todos los Gustos

Green for Everyone!

◆ Su capital es Paraná, y fue fundada en el año 1731.
◆ Ocupa una superficie total de 78.781 km2, lo que representa el 2,1 por ciento del total del país.
◆ Su población asciende a un total de 1.021.042 habitantes.
◆ De 1820 a 1821 constituyó, junto con las provincias de Corrientes y Misiones, la República de Entre Ríos.
◆ Limita al norte con Corrientes; al oeste, con Santa Fe; al este, con Uruguay; al sur, con Buenos Aires.
◆ La actividad agropecuaria es uno de sus principales recursos económicos. Es el primer productor de arroz del país.
◆ Predominan también los cultivos de trigo, alfalfa, maíz, sorgo, lino y maní.

◆ Its Capital City is called Paraná, and was founded in 1731.
◆ It has a total surface area of 78,781 km2, representing 2.1 percent of the country's total surface area.
◆ The overall population amounts to 1,021,042 inhabitants.
◆ From 1820 to 1821, this province together with two others –namely, Corrientes and Misiones– formed the Republic of Entre Ríos.
◆ It is bounded in the North by Corrientes; in the West, by Santa Fe; in the East, by Uruguay; and in the South by Buenos Aires.
◆ It has an intense agriculture and livestock activity. Entre Ríos is ranked first as a rice producer in the country.
◆ There are other prevailing crops, such as wheat, alfalfa, corn, sorghum, flax and peanut.

Lugar de fantasía. El Palmar de Colón, un área ecológica protegida y punto convocante de la provincia, por su belleza. En la zona conviven diferentes especies animales, como la iguana.

Fantasy Land. The Palmar de Colón (a palm grove) in addition to being an environmentally protected area, is the main attraction of this province for its majestic beauty. Several animal species live together in this region, among which the iguana can be mentioned.

Casa con historia. El palacio de Santa Cándida, que alguna vez (durante el siglo pasado) funcionó como un saladero de carnes. Y una plantación al borde de la ruta del Mercosur.

A House with its Own History. Santa Cándida palace, formerly (last century) a meat salting house. And a plantation bordering the Mercosur route.

Allá a lo lejos. Llanura con ondulaciones, el origen del nombre de la provincia es casi obvio: está rodeada por el sistema Paraná-Del Plata, constituido por los ríos Paraná y Uruguay.

Out there... in the distance. A wavy plain. The origin of the province's name, Entre Ríos (between rivers), is almost obvious: the territory is surrounded by a river system called Paraná and Del Plata System, which in turn consists of the rivers Paraná and Uruguay.

Parque nacional. El Palmar de Colón fue declarado parque nacional en 1966, pensado para preservar un área de los palmares de Yatay, sobre el río Uruguay. Son 8500 hectáreas de verde. Arriba, un choique o ñandú entrerriano.

National Park. The Palmar de Colón was declared a National Park in 1966, and it is intended to preserve an area of "Yatay" (*Cocos yatay*) palm groves, on the Uruguay River. This area covers a surface of 8500 green hectares. Above, a "choique" or American ostrich.

TIERRA DEL FUEGO, ANTARTIDA E ISLAS DEL ATLANTICO SUR

PARAÍSO AL SUR

PARADISE IS AT THE SOUTH

◆ Comprende tres ámbitos territoriales distintos: el sector oriental de la Isla Grande de Tierra del Fuego y sus islas adyacentes; las islas argentinas del Atlántico Sur (las Malvinas, Georgias del Sur, Sandwich del Sur, entre otras) y la Antártida Argentina, con los archipiélagos de las Orcadas del sur y las Shetland del Sur.

◆ Tiene una población de 90.000 habitantes.

◆ Su principal riqueza es la ganadería y la explotación pesquera.

◆ También se destaca la producción mineral: oro, cobre y cinc, además del petróleo.

◆ Included three different territorial area: the eastern sector of the Isla Grande of Tierra del Fuego and their adjacent island: the argentinians islands of de Atlantic South (Malvinas, Georgias del Sur, Sandwich del Sur), the Antártida Argentina with the archipelagoes of the Orcadas and Shetland.

◆ Its population amounts to 90.000 inhabitants.

◆ As its main resources, cattle production and fishing can be mentioned.

◆ Mineral production is also important: gold, copper and zinc, in addition to oil.

Solitario y final. El desolado casco de un barco en Caleta San Pablo, de cara al Atlántico, en el extremo sur de la provincia. Al costado, la ciudad despierta a sol y frío.

Lonely and final. The desolate hull of a ship *in Caleta San Pablo* (a small bay) facing the Atlantic, in the south end of the province. Next to it, the sun and cold awake the city.

Cerca de la nada. El mar Argentino baña las costas del cabo San Pablo. El faro del lugar es su único y empecinado testigo.

Close to nothingness. The Argentinean Sea washes San Pablo Cape. The lighthouse of the place is its only and stubborn witness.

Contar ovejitas. La estepa fueguina en los alrededores del lago Yehuin, en el centro exacto de la provincia. Abajo, un camión de arreo y las ovejas de la raza Corriedale, bastión de la economía regional, en la estancia Harberton.

Counting sheep. Tierra del Fuego's barren plain in the region around Yehuin Lake, the exact center of the province. Below, a herd driving truck and Corriedale sheep, a bastion of the regional economy, in Harberton Ranch.

El vértigo invisible. El viento patagónico deja su huella en la escasa vegetación. Arriba, otra vista de la Caleta San Pablo y la aridez del suelo que alguna vez, hace millones de años –antes de la formación de la cordillera–, tenía clima tropical.

The invisible vertigo. The Patagonian wind prints its mark on the poor vegetation. Above, another view of *Caleta San Pablo* and the arid soil, which formerly –million of years ago, before the formation of the mountain range-had a tropical climate.

Más allá de la vista. La estepa fueguina en toda su extensión. Sólo algunas ovejas –una por hectárea en casi toda la provincia– y el ripio de los caminos para poblar la inmensidad.

Beyond eyeshot. Tierra del Fuego's barren plain, in full extension. Only a few sheep –one per hectare practically in the whole province- and the roads rubble populating this immensity

Diez metros finales. La isla de Los Lobos en el canal Beagle, el último confín de la Argentina continental. Después, la Antártida, un país de hielo.

The final 10 meters. The Isla de los Lobos (Sea Lions Island), at the Beagle Channel, the last boundary of the Continental Argentina. Beyond, the Antarctica, an ice country.

La Antártida. La Antártida Argentina es un territorio fuera de lo común. Al lado, un pingüino Emperador, que puede medir hasta un metro de altura y pesar 30 kilos. La Base Esperanza, con sus techos naranjas, fue levantada en 1952.

Antartica. The Argentinian Antartica is a peculiar territory. Next, an Emperor penguin, wich can reach a height of up to one meter and weigh 30 Kg. The *Esperanza* Base, with orange roofs, was built in 1952.

INDICE

INDEX

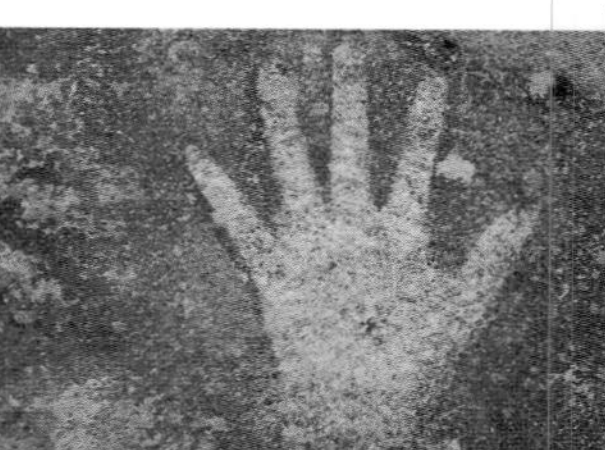

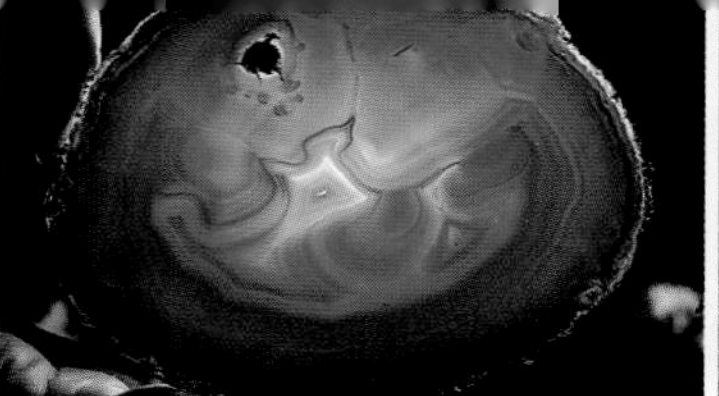

FERROCARRIL NACIONAL
101
GENERAL ROCA

Km 2981

Chaco

Mundos amarillos. Campos de cultivo de girasol, en la zona de Charata, en la región sur del territorio provincial, que tiñen el suelo de un amarillo intenso.

Yellow Worlds. Sunflower plantations, in the Charata area, in the southern region of the provincial territory, dying the soil of the deepest yellow.

Chaco

Hornos y madera. Al costado de la ruta 6, hornos de ladrillo donde se quema corteza de árbol hasta producir el conocido carbón de leña, utilizado luego para el consumo doméstico. Una actividad que crece dentro de la economía rural chaqueña.

Kilns and Wood. At one side of route 6, tree bark is burned in these brickkilns to produce the widely known charcoal, subsequently given a domestic use. A growing activity within Chaco's agricultural economy.

Ciudad Autónoma de Buenos Aires

Al borde del muelle. El Club de Pescadores de Buenos Aires y el muelle que se adentra en el Río de la Plata como un largo brazo extendido sobre el agua.

At the Edge of the Pier. Buenos Aires' Fishers Club and the pier going into the River Plate, as a long, stretched out arm on the water.

CIUDAD AUTÓNOMA DE BUENOS AIRES

Un pico bien alto. Las imponentes torres en Catalinas. La zona floreció significativamente en los últimos años, sobre todo en cuanto a sus modernísimas construcciones.

A Very High Peak. The grandiose towers in Catalinas. This area flourished significantly in the last years, specially in relation to its state-of-the-art constructions.

Director / Director: Jorge de Luján Gutiérrez

Directora adjunta / Directress attaches: Gabriela Cociffi

Edición / Edition: Beto Casella

Jefe de Fotografía / Photograph chief: Santiago Turienzo

Fotógrafo / Photografer: Florian von der Fecht

Traductora / Translator: Edith G. de Tálamo

Director de Arte / Art director: Pablo Bazerque

Diseño y diagramación / Layout and design: Juan José Gómez

Director comercial / Commercial director: Raúl Sgaramella

Publicado en Argentina por Editorial Altántida S.A
Azopardo 579 (1307) Buenos Aires
http: /www. atlantida.com.ar
Publishers in Argentina, by Editorial Atlántida S.A.
Azopardo 579 (1307) Buenos Aires
http: /www. atlantida.com.ar

ISBN 950-08-2496-5

Impreso y encuadernado: I. Gráficas Mármol, S.L.
Barcelona-España